Bibliographische Information der Deutschen Nationalbibliothek:
Die Deutsche Nationalbibliothek verzeichnet diese Publikation in
der Deutschen Nationalbibliografie, detaillierte bibliografische
Daten sind im Internet über http://dnb.dnb.de abrufbar.

© 2014 Bianca S. Häußler

Herstellung und Verlag:

BoD- Books on Demand, Norderstedt

ISBN: 9783735739711

MIX
Papier aus verantwortungsvollen Quellen
Paper from responsible sources
FSC® C105338

Prolog

An manchen Tagen fallen die Blätter besonders leise auf die Erde.

Und an solchen Tagen kann es vorkommen, dass ein Mensch ihnen heimlich zusieht und darauf wartet, dass es einmal sein Gesicht sein wird, auf das sie herabfallen.

„Ob diese Erde auch noch duftet, wenn sie dich meterweise bedeckt" mag dieser Mensch vielleicht denken, und möchte gerne die fragen, von deren Name bereits das Totenbuch kündet.

Irgendwo fährt ein Zug von Hier nach Dort. Und noch bevor die Sonne ihr gelb dem rot-orange opfert, verlässt er die Wartebank, um in die Wirklichkeit zurückzukehren.

Er steht an der Maschine und harrt dem Feierabend entgegen. Bis zu der Stunde, in der das Nichts beginnt, und er sich wieder nach seiner Maschine sehnt.

Zerstörung

Wiederauferstanden aus dem Meer der Tränen, schleicht der Kummer sich in mein Herz.

Verbannt in das Tal der Sorgen, ward er längst tot geglaubt.

Und plötzlich steht er wieder vor mir, mit all seiner Zerstörung, Kälte.

Schnürt die Kehle mir zu, raubt mir den Schlaf.

Schlägt mir eisern ins Gesicht, so wird meine Zuneigung bestraft.

Und wieder schwöre ich, niemals mehr zu lieben, die Seele nie mehr zu verkaufen,

für ein bisschen vermeintliches Glück.

Einsam und verlassen, wieder ganz allein.

Kann es kaum glauben, alles Schöne, das ich gewonnen hatte, durch die Finger ist geronnen.

Bitte um ein bisschen Sonne in meinem Leben, eine Hand, die meine hält, wie ich die ihre,

mag das Schiff auch untergehen,

niemals wird sie mich mehr lassen....

Wunsch und Wirklichkeit

wir rennen doch den lieben langen tag

ein ganzes leben

unseren träumen hinterher

stets eine ausrede parat

für die feigheit

und für das versagen

warum wir es nie erreicht

was wir so gewünscht

konnten uns nicht trennen

von all der bequemlichkeit.

SEHNSUCHT

Unergründliche Weite des Herzens,

Raum ohne Grenze, ohne Halt,

leer und zugleich erfüllt

Wunsch

Traum

Hoffnung

Furcht

niemand vermag dieses Gefühl zu erfassen

niemand es in Worte zu kleiden.

Seelenruhe

wenn die Seelen schreien

deren die getötet

ruft die Verzweiflung

Stund um Stunde

wälzen verweste Körper

sich in den Gräbern

kommen nie zur Ruh´

langen Hände aus

den Särgen

die zu holen

die gemordet

Schreie in der Nacht

Menschen weinen - zerrissene Leiber

ein böser Traum,

aus dem niemand wird erwachen.

Die Wunden werden bleiben-

kein Teddybär wird die

Schatten in den Herzen der Kinder

in ein lächeln wandeln,

der Hass wird bleiben,

stärker denn je

brennt er in der Seele.

Die Augen weit geöffnet-

Bilder des Grauens.

Es gab nie ein Vergessen.

Schatten meiner Selbst

Stets auf meiner Spur

fest an die Fersen geheftet

wie Teer auf meiner Haut

lässt sich nicht betrügen

gar belügen

verfolgt

eilt voraus

kein Entkommen.

Endlich wenn die Nacht hereinbricht

ist die Freiheit nah

wir sind EINS geworden.

Nähe

Meine Gedanken fliegen zu Dir

unbemerkt

ganz sacht

um in deiner Nähe zu sein

wenn der Abend wacht

schicke all meine Liebe zu dir

dein Glück zu stärken

an deiner Seite zu sein

wenn du mich brauchst

all meine Kraft dir senden

wenn du einmal müde bist

wache ich für dich.

Liebe auf Distanz

So weit meine Arme auch langen, sie können deine Hände nicht fassen,

Fingerspitzen tasten nach dir, die deinen bleiben mir verwehrt.

Flüchtige Wangen treffen sich, einen Kuss dem anderen hingehaucht.

Für einen kurzen Augenblick sind wir uns so nah,

warum fliehst du?

Und wenn es Zeit ist Abschied zu nehmen, treffen sich unsere Hände,

dein Arm hält mich auf Distanz, sagt mehr als tausend Worte, verunsichert mich, verletzt.

Ein bohrender Schmerz trennt die zwei Herzen, die sich doch so gern gefunden, mit einem Messerschnitt nur ist mein Gefühl entzwei.

Ich habe Angst dich wiederzusehen, doch wünsche ich mir auch nichts sehnlicher.

Morgen

Du bist in mein Leben getreten,

leise und sanft und als Deine Seele an die meine rührte,

war es als sei es nie anders gewesen Du hast mich wiedererweckt zum Leben

die Nacht ist unsere Schwester zeigt sich in ihrer mystischen Schönheit

entführt uns in ihre Sphären

langsam heilen die Wunden der Vergangenheit

denn Deine Nähe ist Medizin für mich

Morgen gewinnt wieder an Bedeutung

denn morgen könnt ich Dich ja wiedersehn.

Melancholie

Melancholie –Teuerste!

verharre an meiner Seite

ein Leben ohne dich ist leer

ganz ohne Freude.

Geliebte schenke Deine Inspiration

in den Kelch einzig durch Dein süßes Leid

erblüht die Liebe.

Deine heißen Tränen gleichen

süßem Wein auf edlem Gaumen

mir lechzt nach einem Tropfen Deines

Zaubertranks.

Deine Fesseln sind Befreiung

Liebste –

die Magie Deiner Stunden darf niemals enden!

Lebenspfad

Die Welt ist weder Freund noch Feind

Sie besteht und vergeht auch ohne Dich

Doch denke nicht, Du seiest gleichgültig!

Der Weg ist Dein Ziel-

Dein Leben Dein Werk-

Was Du jetzt tust,

Tust Du für ein Stückchen Ewigkeit

Der Weg liegt in Dir.

Leben

Dein Leben ist ein langer Weg,

voll Freude und auch Tränen,

so mancher Mensch geleitet Dich,

ein Stückchen nur der Ewigkeit entgegen.

Ist auch noch so kurz die Zeit,

können wir einander soviel geben,

gleich der Sonne Licht,

so behellen deine Taten

der Traurigen Nachtgleichen Wege.

Nur MEIN und DEIN

beengen deiner Seele Weite,

mannigfaltig sind der Gesichter

Farben, Formen - Nun spiele mit,

sei ohne Furcht, auch deines Lebens Baum

wird einmal Früchte tragen.

Sonderbare Wesen

Da rennen sie, wuseln, hüpfen,

geben seltsamste Geräusche von sich,

sitzen in steinernen Gräbern,

und bedecken sich mit Häuten am Tag

und in der Nacht.

Tragen ganz unterschiedlich in der Form

und bunt ihr Fell. Laufen zu Hauf in einem Bau

voller Teile toter Wesen

um es in Mengen in ihre Gruft zu schleifen.

Manchmal finden sich zwei dieser Wesen

und bilden ein Rudel oder auch mehr,

doch andere jagen sich

mit Unerbittlichkeit ,

bis nur einer noch verbleibt.

Gestalten der Finsternis

Gestalten der Finsternis

lautlos und unsichtbar

gehen dahin ins Nirgendwo

Schatten verlieren sich

im Schein des Mondes

und wenn der Tag anbricht

ist es nicht mehr so still

Unruhe verbreitet sich

bis die Nacht hereinbricht

und der Tod zum Leben erwacht

Gebrochene Rosen

Stufe um Stufe empor.

Dem Sternenzelt entgegen.

Rote Rosen entfliehen,

stets aufwärts,

Sprosse für Sprosse.

Wenn der Weg bricht,

zerreißt das Sein.

Süße Morgenträume reifen

in winterlichem Schatten,

stürzen in Kugeln aus Verzweiflung,

treiben vorwärts in den Sumpf der Vergangenheit.

Zerschellt der Klang unserer Augen,

am Fels der Einsamkeit.

Ein Freund wird alt

Erhobenen Hauptes schreitest du stolz dahin,

die Nase hoch im Winde tragend,

stets an meiner Seite,

als wäre es niemals anders gewesen,

In der Sonne leuchtet dein Haar,

die warmen braunen Augen

stets auf mich gerichtet,

deren Glut

in all den Jahren

mir so ans Herz gewachsen,

all die tiefe Liebe, rein und ehrlich,

die du mir geschenkt,

ob ich lachte oder weinte.

Dankbar für jede Zärtlichkeit,

gabst du sie mehr als tausendfach zurück,

dieses stille Einverständnis zweier Herzen,

die sich eines schönen warmen Sommertages fanden,

beide jung und ausgelassen,

so fühlten wir doch die Unvergänglichkeit des

schönsten Augenblicks in unseren Leben.

Und nun sind wir beide ein ganzes Stück älter,

angefüllt mit vielen Erinnerungen

vergangener Stunden,

keine Minute möchte ich missen,

halte fest an der unsäglichen Fröhlichkeit

unseres Zusammenseins.

So fern wir uns auch einmal sein werden,

wirst du doch in meinem Herzen ewig leben....

Drei Gedanken – Grau

(Abend in einer unserer Städte)

Die Straße hat das Licht begraben,

lauscht der Einsamkeit.

Verstohlene Schritte wehen durch

Gerippe aus Beton.

Tränen rinnen durch den Abfluss der Dunkelheit,

bedacht nicht erkannt zu werden.

Begraben ihre Gesichter in Gerstensaft,

bis das Spiel ein Ende hat

und die Gassen die Finsternis auf

weiteres entlassen.

Der Klagende

In der Nacht ,

wenn Nebel empor steigt,

kriecht dumpfer modriger Dunst aus der Erde.

Kalt und feucht greift er nach dem Mond,

der dort droben still harrt,

während ein einsamer Wolf

von seinem tragischen Schicksal kündet.

Und der Wind trägt seine Klage hinaus

 auf das Meer,

um sich zu vereinen

mit dem Elend der Welt.

Am Tor zur Ewigkeit

Der letzte Tag bricht an.

Und köstlich bittersüß

schmeckt das Leiden.

Noch einmal buhlen wir

um ein bisschen Leben.

Was wird hernach aus uns werden.

Ein letztes Mal verlassen wir das Nebelhaus.

Auf dem kahlen Weg stehen sie alle,

die Geliebten - ein letztes Lachen,

und ein wenig Tränen noch.

Bald ist es vorüber.

Wenn der Tod die Stunde misst,

wird die Turmuhr die Deine schlagen.

Zeit ist es das Grab zu verlassen,

um Deiner Ankunft zu harren.

Abenddämmerung

Wenn der Tag sich zum Schlafe bettet

bricht die Nacht herein

fallen die Masken

erwacht das Ich

über unsere Seelen

wacht er Planet der Träume

es ist unsere Zeit die einzige die uns verbleibt

sein blasses Licht erleuchtet unsere Herzen

alle Zeiger stehen still.

Erst wenn die Dunkelheit flieht

verschließen wir wieder unsere Herzen

trennen sich die Wege ohne Tränen

in tiefer Sehnsucht

doch mit der Gewissheit

sich wieder zu sehen, wenn der Abend naht...

Zukunft

Menschen sterben-

tausende, täglich.

ich sehe zu

Menschen hungern-

Millionen, jährlich.

ich sehe zu

Ich leide alleine, stündlich.

sie sehen alle zu

zuhause

Trautes Heim fremdes licht leuchtet in dir,

verronnen ist die Zeit,

  vergessen könnt' ich nie.

Tief im Herzen,

sitzt die Erinnerung.

Dein Anblick birgt Kälte,

nichts ist wie damals,

  nur zu fühlen vermag ich es noch.

Der Himmel ist der gleiche auch,

darunter nie gekannte Farben,

kostbar ist der Augenblick,

der Duft versunken in dir.

Wiedergeburt

wie seine Gefühle

wohl dereinst bei Sonnenuntergang,

Kraft fanden, Worte zu werden,

so noch immer,

rinnen,

gedenkend dieser Tage,

Tränen,

wenn sie versinkt.

Gar so einsam,

vielerorts,

und doch wiederkehrt,

aus dem Meer des Schmerzens.

Die Wahrheit

Lüge, alles nur Betrug

kein Wort ist wahr

keine Geste ehrlich

alles nur Schein,

nichts ist echt.

Zuneigung reine Pflicht

jeder Blick Verachtung

jede Anerkennung Neid.

Ein Band der Kälte

die Wahrheit - längst erfroren

trugst sie selbst zu Grabe.

Trauer um nie genährte Blumen

das Herz welkt mit jedem Gedanken

erntest was gesät.

Verloren

zu viele Gedanken Gefühle

kalt verletzt allein

Hoffnung

Sehnsucht

unfrei

unfähig

Scherben der Vergangenheit

SOS der Seele

Zerstörung

Verleugnung

noch nicht

zu spät?

Frei

Der Morgen graut.

Es wird kein Gestern geben.

Die Erinnerung ist tot.

Jede Reanimation erfolglos.

Nur das Heute zählt.

Morgen wird es nicht anders sein.

Sinn

WOHIN

WOHER

WARUM

alles sinnlos?

überall ist nirgendwo!

ist des Dichters Schöpfung

des Menschen Werk,

Leid,

Erfolg,

Schmerz

oder Qual

Seelensturz

dunkle Wolken im Herzen schwer,

kalt wie Stein,

sinke hinab in den Brunnen der Gefühle,

Finsternis,

Sturz immer schneller,

tiefer,

unendliche Weite beengt, erdrückt,

ungeahntes,

verborgen,

tief im Innersten,

reißt mich los,

ohne Halt,

noch ist nichts verloren!

Seelenflug

Im Schatten der Wolken

sitzt eine junge Frau,

und gleich den Wolken,

ziehen auch ihre Gedanken,

fort, weit fort,

irgendwohin,

an einen Ort

des Friedens und des Glücks.

Sehnsucht erfüllt ihr Herz...

Oh Liebe

blutroter Lippen süßer Saft,

rinnt mir aphrodisierend die Kehle hinab.

Samten,

gleich einem Pfirsich,

rührt mich deine Haut.

Umhüllt von zärtlichen Silben,

Engelszungen gleich,

liebkosen mich deine Worte.

Sprache meines Herzens.

.

Narren

Da stehst Du,

Narr,

blickst rückwärts,

zu lange schon!

Verlorst den Pfad,

lag er doch vor Dir.

Verkauftest Dein Morgen

für ein Stückchen Gestern.

Es ist Zeit,

das Heute zerrinnt

in Deinen Händen,

Scherben der Zukunft.

Liebeserklärung

Schon mischt sich

das dunkle Blau der Nacht

mit der Glut des jungen Tages.

Sanft hebt sich leiser Nebel

und küsst mit frischem Tau,

den frühen Morgenduft.

Noch immer birgt dein Lächeln

die Zärtlichkeit unserer Stunden.

Nach und nach erlöschen Laternen

doch unser Feuer lodert ohne Ende.

Der kühle Morgenwind

trägt die Melodie unserer Herzen

hinaus in den neuen Tag.

Deine Wärme schenkt mir

nie gekannte Geborgenheit.

In deinen Armen liegend

träume ich der Zukunft entgegen,

die unseren Namen trägt.

Deine Küsse bringen mich

dir so nahe.

Jede Minute mit dir

ist das kostbarste Geschenk.

Und ich schmiege mich

ganz eng an dich, um dir ganz nah zu sein

In meinem Traum,

wird es niemals mehr anders sein!

Liebende

manchmal

finden

nachts sich hände

glühend schmiegen einander wangen künden

dinge, die noch kommen.

dann kann es geschehen

dass zärtlich bände knüpfen

ein blick

mehr als tausend worte.

Liebe

ein gewaltiges Wort ein überwältigendes Gefühl

ein unsagbarer Schmerz

eine unerträgliche Einsamkeit

eine unbeschreibliche Sehnsucht

Liebe

les circles

pure force

les pierres mystiques

donnent moi

le sens de la vie

et une amourette

une autre vie

quand l'universe s'ouvre

en regardant la lumière

comme un enfant d'amour

Leidenschaft

Brennende Kerzen zu sanfter Musik

eingelullt in weiche Kissen

liebkosende Worte im Ohr

ein Bild der Tiefe meines Herzens

kalt-brennend vor Leidenschaft

ruhig

doch rastlos wie nie Seele auf Weltreise

stets hier

am Ende des Universums.

Leben und Tod

Leben ist ein Kampf.

Hass schafft all das Leid,

das uns erzürnt.

Ein Ziel und zu viele Wege.

Leben und Tod,

liegen einander so nah.

Wollen wir ihn gewinnen,

so müssen wir uns ergeben.

la question

en vivant ou mort

pas d'importance

toujours

de luxe

perdant

en cherchant

l'essencielle

enfin

froid

humid

seule

tu sauras

qu'il fallait faire,

trop tard

Es wird Zeit

Es wird Zeit

AUFZUBRECHEN

die Fesseln lösen sich

AUSZUBRECHEN

das Tal der Qualen hüllt sich in Dunst

ABSCHIED ZU NEHMEN

ein neuer Tag zieht herauf

HINTER SICH ZU LASSEN

die Zukunft steht bereit

ZU VERGEBEN

Fesseln

Willst mich halten

Mit aller Kraft

Furcht in den Augen

Einmal ohne mich zu sein

Allein

Ein Leben mit mir ist unmöglich

Trage ich doch fehlendes in mir

Ein Leben wie meines blieb verwehrt

Nicht zu ertragender Anblick

Des gelebten Traumes den ICH nicht sterben ließ

Warum

Warum liebst Du mich nur, wenn

ich so bin, wie es DIR gefällt

ich erfolgreich bin

ich allein bin, krank bin, ich leide

Du mich verletzt am Boden siehst

Warum hasst Du mich, wenn

ich, ich selbst bin

ich geliebt werde

ich frei bin

ich liebe ich glücklich bin

WARUM bereitet es Dir soviel Freude

mich zu quälen

Sag niemals mehr Du liebtest mich!

Hoffnung

Du wagst nicht zu hoffen

wann immer du denkst es sei vorbei

wann immer du denkst

du seist darüber hinweg

wann immer du denkst

es sei nicht mehr von Wichtigkeit

das ist der Zeitpunkt

zu dem sich alles ändert

das ist der Zeitpunkt

zu dem alles nur noch schlimmer wird

Freiheit

Freiheit

solch süßes Wort

dessen frohlockender Klang

eindringlich flüstert

tief im Herzen

die ersehnte Weite malt

deren Unerreichbarkeit

torkeln lässt

zwischen Hoffnung und Abgrund

Erinnerung

Dort

In der Ferne

Unerreichbar

Tief verwurzelt

Verborgen

Tröstend

Nie zu vergessen

Unwiederbringliches

Eingebrannt

Einsamkeit

der kranken eiche

einsam auf kahlem felde

dürstet nach leben.

winkt mit ihren ästen

tiere herbei.

begleitet deren melodien

mit dem sanften rauschen

ihres laubes.

wartet auf den müden menschen

der sein haupt dankbar an

die schroffe rinde schmiegt

um ihren pulsschlag zu vernehmen.

stumm ist stets ihre trauer

wenn sie mit kahlen zweigen

dem zug der vögel sehnsüchtig nachblickt

und in sich gekehrt

um mit aller kraft

im satten grüne

die bunte schaar im frühling

willkommen zu heißen!

Die schwarzen Ritter

Schwarze Ritter

auf stolzen Rössern

durchreiten das Land

der Erdboden bebt unter

donnernden Hufen und die Menschen erzittern.

Sie kamen von Norden

den eisigen Wind im Rücken

silbern glänzten ihre Schwerter

schwer vom Blut unschuldiger Kinder.

der Fürst der Finsternis

treibt sie voran - unerbittlich.

Seine kalte Hand legt sich schwer

 über ihre Häupter

ließ sie vergessen wer sie einmal gewesen.

Die Schlacht

Zu viele Kriege

all die Jahrtausende

Menschenopfer

zu Lottes Hohn

Gefrorenes Blut

im Schnee einer

vergessene Vergangenheit

Ein steter Salto Mortale

mit dem Leben anderer

keine Blumen

auf dem Schlachtfeld

unserer Selbstsucht

vergebens wartet es

das schäbige Kreuz aus Holz

auf Tränen

haben wir doch

die Augen begraben

die heißen Wangen

liegen ebenso kalt

unter der mit Blut

verschmierte Erde

es ist still geworden

um unsere Taten

nur der Wind

säuselt die Sage

um ein Menschengeschlecht

das sich selbst gerichtet.

Die Geburt

Geboren im Stern der Liebe

wandelt nun auf dunklen Pfaden

gefrorenes Blut in den Adern

das Herz bleibt stumm

Alles Leid in sich vereint

fühlt Elend in sich heraufbeschwört

Still

ohne Klage

bricht Stund um Stunde ein Stück Licht

aus der Flamme

um zu erlöschen...

Das Tor

Das kleine Mädchen saß am Fenster.

Es betrachtete Regentropfen,

wie sie schwer herabfielen.

Trommelten an der Pforte ihrer Seele,

immer und immer wieder.

Lauter und lauter wurde die Stimme-

und sie schrie!

Die Frau im Fenster weinte

Das Mutterkorn

Sommersonnen verwöhnt

prangt ein Feld goldgelben Getreides

sanfter Wind wiegt es reif

Nur ein einziger Halm

trägt die Frucht des Todes

wartet auf sein Opfer.

Barockgedicht

LIEBSTER, lasse uns eilen

kurz nur ist die Zeit

wenn wir gar zu lang verweilen

ist's vorbei mit meiner Jugend Herrlichkeit

gar liebst du mich nur jung und süß

will gleich ich dein Liebkosen

bevor dein Herz mich verstieß

wegen andrer frischer Rosen

zauderst gar, andrer bedenkend

sei ohne Furcht, dich zu verraten

all deine Lieb' verweilt

still versenkt tief in meiner Brust

ewiglich dir gedenkend!

Arm und Reich

Wenn das letzte Blatt

Vom Baume gefallen

sachte den herbstlichen Boden küsst

und bald darauf

zarte Schneeflocken es betten

in winterliche Pracht blicken sehnsüchtige

Augen in den Glanz erleuchteter Fenster

und erhaschen den Duft

feinen bunten Gebäcks

erinnerungsbeladene Herzen

spüren den wohlbekannten

Zauber dieser Zeit wünschten auch wieder dort

zu sitzen in der Wärme Wohligkeit

Amnesie

All zu oft

legt sich die Hand des Vergessens

über die Häupter der Menschen

Wenn aus dem See der Weisheit

Feen emporsteigen

so bleiben sie dem dunklen Auge

unserer Zeit verborgen

Und stumm

verhallen die Rufe der Geister des Waldes

im Nichts

Dem Duft der Sterne

den der Nachtwind allabendlich

sanft mit sich trägt

bleibt die Pforte zum Herzen

verwehrt

Selbst die rote Glut

der Abendsonne vermag

die Sinne nicht mehr rühren

Ach! wo sind die Toren

deren Gemüter aufgewühlt

mit strahlenden Augen künden

was sie alles vernommen!

Abend

Nacht bricht herein,

Sternenklar summt der Tag sich in Schlaf.

Kühl hebt der Nachtwind an zum Flug,

streift sanft das Land.

Einsam stehen Grabsteine im Dunkel,

vom ewigen Licht blutrot beschattet.

Reiche Verzierungen zeichnen

wundersame Bilder.

Die feuchte Erde erzählt

von all den tapferen Vätern und starken Müttern.

Stumm ruhen sie dort,

tausend Tränen - zu Stein erstarrt.

Manchmal noch erinnern geritzte Worte an sie.

"1993"

Stille Träume schreien durch die Nacht,

Millionen Münder sind ihr Ursprung,

Selbst der meine vermag nicht zu schweigen,

eine Welt ohne Träume,

ein Raum ohne Licht, ohne Farbe.

So schweiget nicht,

ruft hinaus in das Universum,

lasst die göttliche Stimme eurer Träume

im Chor der Phantasie erschallen.

Mit jedem Wort eine Strophe,

mit jedem Gefühl eine Stimme mehr,

im Kanon der Ewigkeit.

"239"

Tonnenschwer drückt es auf unsere Gemüter.

Sein Strahlen nicht wie die Liebe der Sonne.

Unsichtbar.

Notfalls werden Augen geschlossen.

Geruchlos ist der Dunst der Gefahr.

Lauert,

vielleicht schon nebenan.

Nur fünf Kilogramm,

bis zum großen Tod.

Ein wenig genascht,

schleicht das Ende schon neben dir.

Gelernt haben wir,

wenn es zu spät ist.

Zwischenmenschliches

Deine Wände

Wehrmauern

Die Fenster

Schmale Schießscharten

Kälte schlüpft nach außen

Durch alle Ritzen

Niemals dringt Ein warmer Hauch hinein

Eisiges Licht Kein bisschen Geborgenheit

Deine Räume

Sie halten mich auf Distanz

Wenn die Türe sich öffnet

Fehlt das Lächeln

Mit finsterer Mine

einer Festung

Lädst nicht ein

Erfüllst einen leeren Zweck

Ich fliehe vor dir

Hinaus

In die Wärme

Auf der Suche

Nach einem Tor

Das mir zulächelt

Wir

Jahre an meiner Seite,

Tag für Tag von neuem

vieles kam, und mehr noch verging

nur nicht deine Zuneigung

wie viele ungeweinte Tränen trocknetest du

gabst Halt in der Einsamkeit

wenn niemand mich brauchte

deine Liebe lässt mich leben, nur sie

und wenn du gehst,

ist es auch für mich an der Zeit,

an meinem Platz bleibt kein Leerraum

es wird sein als ob es mich nie gegeben.

Wahrheit

Die Wahrheit fault in unserer dunklen Gruft,

wir waren es die sie zu Grabe getragen,

jeder, jeden Tag von neuem.

Manchmal ,wenn es schwül wird

um unsere Seelen,

zieht der modrige Gestank

wieder in unser Leben.

Erinnert,

an die Nächte

auf dem Friedhof unserer Taten.

Die Dunkelheit der Urnen

malt Galgen auf unsere Lügen.

Voran

Es wird sein, wie es ist.

Verlass die sicheren Pfade.

Denn sie brauchen dich nicht.

Richte deinen Blick vorwärts,

denn Vergangenes wird vergangen bleiben.

Steige hinauf in die Täler,

Gipfel erwarten dich schon.

Tauche hinab in die Höhen.

Du selbst wirst es sein,

der dich erwartet.

Totenwacht

fahles Licht

auf den Totenkränzen unserer Taten

im Seelenwind der Nacht

klingt leise eine Harfe

einsam wie der Mohn

über die Stromschnellen springt

öffnet sich der Tempel unserer Armut

dem Sternenzelt

wilde Gräser recken sich

im Bilderrahmen unseres Daseins

stille Blumen beten zum Mond

bis er sie ins Irrlicht entlässt.

Stadtleben

In steinernen Särgen geboren,

Fenster aus Glas, der Blick in die Ferne,

sogleich von der nächsten Mauer gefangen.

Wer wird morgen erwachen, vom Zorn betäubt,

im fahlen Licht der Existenz.

Der Fluss des Verderbens,

wabert ätzend Durch die Gemüter.

Enge Gassen erbrechen täglich

ziellose Menschenmassen.

Jeden Tag von neuem, gebiert die Stadt

die Frucht der Infernalität.

Die goldene Uhr am Arm,

schützt auch nicht vor den Lügen der Gosse.

Rosen des Sommers

Enthüllt aus dem Dornenkleid des Winters,

Tau auf zarten Blättern.

Tränen einer Vergangenheit.

In jedem Sonnenstrahl

endet die Suche nach

dem verlorenen Lachen.

Rosen des Sommers,

im Dunst einer duftenden Zukunft,

neigen ihre Blüten dem Monde zu.

Der Abendwind wiegt sie sanft.

Ein Meer von Sternen

leuchtet für sie.

Parforcejagd

Wie oft bist du gefallen

Wie oft ließt du dich schlagen

Wie oft warst du gedungen traurig und einsam

Wie oft wollten sie dir das Herz entreißen

Dir gar deine Seele rauben

Aber all das ist nicht mehr von Bedeutung

Denn du bist immer wieder aufgestanden

Hast verziehen

Zeigtest ihnen wer du bist

Schenktest der weit dein lachen

Hörtest niemals auf zu lieben

Bis zum Ende

Als sie sich selbst zu Tode gehetzt

Krieg

Blutrot

steht die Nacht über dem Land

reglose Körper wälzen sich unruhig

auf dem Schlachtfeld krümmen sich

in der Schmach die sie sich selbst bereiteten

tote Augen brüllen in die Stille

rufen nach Gerechtigkeit

greifen mit ihren glommen Fingern

nach der Erde

die sie mit ihrem Hass vergifteten...

In der Stadt

Leere Straßen rinnen sterbend dahin

Schwarze Häuser berühren das Grauen

Im dunklen Blut

erstickt die Nacht

Ruhig blickt der Tod

ins Angesicht des Henkers

Auf dem Kreuzweg welkt

die letzte Blume

Im kalten Kerker

rasseln Ketten...

Gezeiten der Liebe

Als es langsam wollte Frühling werden

sind wir gemeinsam erwacht

küssten uns den Schnee der Vergangenheit

aus den Herzen

schmiegten uns dem Sommer entgegen

und wenn das Laub zu Boden fällt

tragen wir die Ähren

unserer sonnigen Liebe im Herzen

bewahren sie immer füreinander auf

so tanzen wir im Reigen

Hand in Hand die Kirschblüten lockend

Es ist Zeit

Wenn die Turmuhr zwölfmal schlägt

hat Luna längst schon den Tag erlöst.

Die Gräber regen sich

und Särge klappen auf.

Was im Licht tot geglaubt

erwacht im Dunkel zu neuem Leben.

Unzählige welke Herzen saugen

den Duft der Nacht.

Lassen noch einmal Erinnerungen blühen.

Totentanz im fahlen Sternenschein

muntere Reigen trauriger Seelen.

Erlösung

Im Jadegarten der Tränen

verbleicht das Antlitz der Sonne

trägt im Nebelhemd

die Trauer um vergangene Zeiten

verliert im Fluss des Vergessens

sein Ungewisses Licht

Und wenn die Sterne turnen

hoch am dunklen Abendhimmel

öffnet sich

noch so manches Herz

welches die Finsternis schon

verschlungen geglaubt.

Erinnerungen

Ein blecherner Lautsprecher

lässt den kalten Bahnhof erzittern -

Verlassene Züge rumpeln aus der Vergangenheit -

Die tote Bahnhofsuhr

wischt sich den Staub von den Zeigern -

Dort träumt eine stille Bank

von den endlosen Küssen Verliebter -

Am Bahnsteig

rinnen vergossene Abschiedstränen

auf die rostigen Gleise -

Das Stimmengewirr

schallt bis auf die Straße hinaus -

Zeitungsjungen rufen

täglich neue Schlagzeilen

gegen die leeren Wände –

Es duftet nach Café und frischem Gebäck

Hand in Hand

stehen Heimweh und Abenteuerlust -

Das Signal

steht schon auf grün

saugt die Trauer all der Zurückgelassenen

in sich auf -

Weiße Tüchlein

winken schmerzvoll zum Abschied –

ehe der Punkt am Horizont versinkt...

Der Flug der Taube

Der Flug der Taube,

dort droben,

weit fort,

beginnt der Tag,

wenn ein anderer geendet,

unbeirrt rufen rote Wolken,

den blauen Himmel hervor,

die Schönheit der Nacht erblasst,

im Schein des Tages,

kühl küsst der Nordwind den Tau,

der sein Silberlicht für Gold geopfert.

Der Elfenbeinturm

Im Elfenbeinturm summt ein kleiner Mensch

eine Melodie

in seiner Stimme klingt

der tiefe Schmerz des Ozeans

Er steht auf einer Klippe

den Wind im Haar

sein Blick geht in die Ferne

ins Nichts?

In seinen leeren Augen

spiegelt sich das Wissen

um eine andere Welt -

eine Welt zwischen Realität

und Phantasie

Ein täglicher Balanceakt

zwischen Wahn und Genialität

seine Welt ist ein Schachbrett -

Für das Kind der Grauzone ist

der Draht zum Hier nur dünn...

Und wenn das warme Licht

der Kerzen erlischt

glimmt die Hoffnung

noch lange im Herzen!

Zerbrochenes

Der Tag, an dem ich mich verließ,

war grau und voller Trauer,

er war plötzlich da, wie jeder andere Tag auch,

doch er hat alles verändert.

Im Morgengrauen erwachten die Zweifel,

Zweifel an fest geglaubten Werten,

an dem was ich für einzig richtig,

und meine Zukunft sah.

Ich verstehe es nicht, und ich fühle mich einsam,

immer wieder,

versuche ich das Rad zurückzudrehen,

aber es geht nicht mehr, es ist zu spät.

Ich bin ausgebrannt und leer,

ersterbe in melancholischer Existenz,

ein dichter Schleier hüllt mich ein,

ich versuche alles zu retten, panisch.

Doch es entgleitet mir,

ich kann es nicht mehr festhalten,

ich habe mich verloren,

und dabei ein großes Stück ich gefunden.

Ich habe Angst, bin erschrocken vor dem,

was ich ist, der Preis ist hoch,

für etwas über das ich nicht weiß, ob ich es will.

Nun ist es da, dieses ich,

macht sich breit, schleicht sich ein,

verdrängt altes. Ich habe mich verändert,

Tränen in meinen Augen,

beweinen das, was ich noch tun werde,

die Angst, etwas zu zerstören.

Wie könntest du mich verstehen,

wenn nicht einmal ich verstehe,

was passiert,

ich furchte dich zu verletzen,

aber ich weiß nicht,

wie ich es vermeiden soll.

Hier, vor dem Nichts stehe ich,

und warte noch,

kurze Hoffnung nicht springen zu müssen,

und vielleicht doch beide Wege

gehen zu können.

WELTANSICHTEN

Die Welt in den Armen einer toten Maus,

hat sich nicht weiterentwickelt,

wenn die Sonnenstrahlen

die dunkle Stadt verbrennen,

steht die Nacht im Schatten

ihrer Erbarmungslosigkeit,

und wartet auf eine schwache Seele,

um ihr den Mut zu entreißen.

In den Klauen der Bedeutungslosigkeit,

prominiert der Mensch,

feste Wertmaßstäbe

tragen das Zeichen des Dämons.

Ein Strom untoter Gedanken,

flüchtige Momente wahren Seins,

sie sind so vergänglich.

So groß der Schrei nach Freiheit, so laut,

erstickt sind wir

in der Blase unserer Hoffnungen,

jede Befreiung, ein Gitterstab für unsere Zelle.

Tod eines geliebten Freundes

Tod eines geliebten Freundes

Es ist kalt, die Welt um mich ist weiß,

und glänzt im Sonnenlicht,

doch ich sehe all das nicht.

Die Erde ist gefroren,

vor mir ein Loch im Boden,

meine Seele stürzt hinein,

doch ich merke all das nicht.

Da sind Menschen um mich,

stehen neben mir, hinter mir,

Tränen in ihren Augen,

doch ich sehe all das nicht.

Der Sarg senkt sich hinab,

in die kalte Erde vor mir,

meine Arme sind von Blumen schwer,

doch ich merke all das nicht.

Ein letzter Gruß an dich,

du bist von mir gegangen,

hast mich hier hinterlassen,

doch ich will das nicht sehen.

Der Blick auf dich war schmerzvoll,

reglos ohne Leben,

mein Herz ist mit dir fortgegangen,

deshalb merke ich gar nichts mehr.

Da bin ich nun, ganz allein - ohne dich,

du hast mich nicht mitgenommen,

deshalb sehe ich dich nicht mehr.

Mein Herz ist so schwer,

von tiefer Verzweiflung zerrissen,

denn ich liebe dich so sehr,

doch ich merke, dass du das weißt.

Der Ort ist ruhig, viele Tränen gössen diese Erde,

du wartest hier auf mich, und ich sehe dich.

Räume

Dort

da ist Licht in einem Fenster,

ein unbekannter Raum,

voller Emotionen.

Du

du bist es dort,

sitzt nur da - allein,

in einem Raum voll deiner Zweifel.

Dort, vor dem Haus,

stehe ich in Dunkelheit gehüllt,

und stelle mir Fragen ohne Antworten.

Hier, weit weg von diesem Raum,

existieren wir beide für kurze Momente,

um danach wieder zu Staub zu zerfallen.

In dir brennt ein Feuer,

du wirfst einen Scheit hinein,

in der Hoffnung es zu löschen.

Ich, im Schatten meiner Gefühle,

weiß ich, dass die Welt so traurig lächelt,

ohne dich.

Zwei Orte, trennen uns voneinander,

tiefste Nähe aus Distanz,

wirst du mich verstoßen?

Ode an die Seele

In dir selbst,

im Atemzug der Zeit,

vergeht der Augenblick,

erstirbt in der Vergangenheit dein Traum,

oder bist du erwacht?

Denn...

dort

tief in mir,

ist ein geheimer Ort,

wo der Morgenduft,

den Frühling küsst,

es nur Freiheit gibt,

die will ich dir schenken.

Dort,

so fern,

sitzt du allein,

in einer Zelle aus totem Stahl,

im Modderlicht deines Lebens,

zernagt vom Reglement der Welt,

dem will ich entfliehen.

Hier

nahe am Abgrund,

sitzen wir beide,

Herz an Herz,

du - meine Seele,

und ich - mein Leben,

sehen den Strom unserer Zeit.

Manchmal

Manchmal sitze ich am Straßenrand,

und warte auf den Tod.

Immer wieder geht er an mir vorbei,

zeigt mir seine Gesichter,

und verlässt mich - lachend.

Es ist kalt und einsam hier,

zwischen all den Menschen,

sie bemerken mich nicht,

und das ist gut so.

Ich warte nur auf den Einen,

der mich diabolisch anzieht,

um mit ihm in den ewigen Abgrund zu stürzen,

nie mehr den Himmel zu sehen.

Momente gibt es, da bin ich ihm so nah,

kann ich ihn schon greifen,

und wenn ich seine Existenz zu spüren beginne,

entgleitet er mir - eisern und unerbittlich.

Auch er will mich nicht aufnehmen,

ein weiter Weg,

bis ich würdig bin, zu gehen,

weit fort von hier.

Da sind Menschen - überall,

im ewigen Kampf gegen ihn,

schreiend, heulend, wollen fliehen,

klammern sich kläglich an ihr Leben.

Hier ist ein Mensch in mir,

der ihn verehrt, doch es hilft kein Bitten,

wieder hat er mir den Rücken zugekehrt.

Ich gehe nach Hause,

was immer das bedeutet,

und warte,

bis ich mich wieder an den Straßenrand setze,

und auf den Tod warte, bis er irgendwann bleibt.

Fragen des Lebens

Was passiert

wenn der Tag dunkel wird

und das Leben ergraut,

die Schatten zerfließen,

und alles so gleich erscheint, so unbedeutend.

Wenn das, was du für richtig hältst,

nicht mehr richtig scheint,

was wichtig war,

wieder ins Bewusstsein dringt und blutet.

Wenn das erreichte Ziel nur eine Etappe war,

der Zufluchtsort in Wirklichkeit,

einfach der Schwung, für eine weitere Runde ist.

Wenn du allein dich veränderst,

nur dein Umfeld statisch bleibt,

deine Gedanken andere Wege nehmen,

und sich nichts mehr am alten Pfad hält.

Wenn es schmerzt,

und keine Entscheidung wirklich richtig ist,

der Weg so klar und unauffindbar,

vor dir sich erstreckt,

um in der Gewohnheit zu verschlammen.

Wenn die Furcht vor der Wahrheit,

die Folgen deutlich macht,

doch kein Weg an diesem Fehler vorbeifuhrt,

Muss die Spitze erklommen werden,

oder steigt die Angst vor dem inneren Tod?

Eine Träne

Eine Träne

einsam und zerbrechlich,

fällt tief in die Schlucht,

und zerschmettert das Sein,

warum haben wir uns verloren.

Weil Seelen fliehen,

oder Leben zerfließen?

Wer weiß das schon,

du nicht - meine Seele,

und ich nicht - unser Leben,

können nicht entkommen,

sind aneinander gekettet,

für immer - oder?

Solange die Existenz,

uns nicht verlässt,

erwachen wir gemeinsam,

im Rausch der Angst.

Was willst du noch?

Hast den Anfang vergessen,

und das Ende nie gesehen,

unbedeutend was danach passiert.

Der Kampf unserer Zeit war gut,

die Freundschaft ist tief,

das einzige, was wirklich bindet,

haben wir erfahren,

Du - meine Seele,

Ich - das Leben.

Der Schein des Seins

Wenn du feststellst,

dass es Erwachsen sein bedeutet, was du fühlst,

im Dickicht deiner verstümmelten Seele,

um die Krücken von dir zu werfen,

und in ein neues - dein - Leben zu gehen.

Wenn du weißt,

dass so mancher dabei auf der Strecke bleibt,

der teuer ist in deinem Gefühl,

wird er bleiben,

der Mensch an der Seite deiner Seele,

oder wird er schreiend fliehen,

 vor dem neuen Sein.

Wird es dann noch das geben,

was du einmal ICH nanntest,

wenn das jetzt den letzten Stein,

aus dem Herzen nimmt

Vielleicht bist ICH dann mehr DU selbst

Das Versprechen

Heiße Tränen glühen in meinen Augen,

verbrennen meine Haut,

ich drücke dich ganz fest an mich,

ich will nicht, dass du gehst,

du zitterst in meinen Armen,

hattest mich gleich erkannt.

Ich gab dir mein Versprechen,

immer dazu sein für dich,

jetzt bist du so weit weg von mir,

warum darf ich dich nicht mehr begleiten

du bist für immer eingeschlafen,

ich halte dich weinend

ein letztes Mal in den Armen.

Auf meinem Schoß ruht dein Körper,

meine Seele zerspringt vor Schmerz,

wie oft habe ich an deiner Seite geschlafen,

mein Gesicht in deinem Fell vergraben,

ich kann es nicht glauben,

dass es für immer vorüber ist,

in solch schweren Stunden, warst du stets bei mir.

Dich hier liegen zu sehen, ist ein böser Traum,

ich hoffe sehr, dass du wieder erwachst mit mir,

stelle mir vor, wie wir wieder im Freudentaumel,

unserer unendlichen Liebe über Felder rasen,

ich kann dich spüren und doch nicht,

will dich in meine Arme schließen,

und niemals mehr loslassen.

bloodless cube 66

dunkle Hände langen nach deinem Gesicht

ihre Zärtlichkeit ist trügerisch,

zum Gruß ballen sich die Hände.

Hast du sie erkannt,

das Jahr wird kommen,

ihr Lobpreis hat uns längst erreicht,

deine Furcht ist ihr Brot,

dein Angstschweiß ihr Blut,

jedes Schaudern deiner Seele,

ist eine kostbare Praline ihres Hasses,

langsam zergeht dein Angstschrei

auf ihren Zungen

der Lockruf gilt auch dir

sie sagen dir es gibt keine Hoffnung,

ihre schwarzen Finger zerren an deinem Bild,

die Puppe in ihren Klauen trägt dein Gesicht,

sie werden nicht eher ruhen

bis sich die Türe schließt.

Dein Rufen wird im kalten Wind verhallen,

 der Trank nach dem du lechzt

wird dir gern gereicht,

der Preis ist hoch kannst du ihn bezahlen,

sie sind überall, deine Angst Sockt sie an,

deine Gier macht sie stark.

Hast du ihre Gesichter gesehen

es ist Zeit aufzubrechen

es wird dunkel sein

wenn du die Pforte durschreitest.

Der Wolfsschrei

Im Grau des Morgens, liegt ein Herz vergraben,

die Sehnsucht nach vergangener Zeit,

voll Mut und Zuversicht,

ertrinkt im jähen Schmerz des Lichts.

Ein Schatten ist erwacht,

und folgt deiner Spur,

er lächelt, wenn du glaubst,

du könntest ihm entkommen,

und wartet nur hinter der nächsten Ecke.

Im Schein des Mondes,

heult ein Wolf in die Nacht,

er spricht von deinem Schicksal,

und deine Ohren hören es nicht,

er schleicht auf leichten Pfoten in deine Seele.

Ein Stern ist vom Firmament gefallen,

und im schwarzen Wasser versunken,

er leuchtet während er ertrinkt,

und wartet darauf,

von dir geborgen zu werden,

um weiter zu leben,

 - in dir.

Wunschtraum

Alle Gedanken kreisen um dich,

wenn ich an dich denke, fühle ich dich -

ich habe dich noch nie berührt,

doch du hast mich verzaubert -

bist du in meiner Nähe,

zittere ich innerlich -

Ich möchte in deinen Augen versinken,

warum nimmst du mich nicht in deine Arme -

ich wage es nicht, dich anzusprechen,

aus Angst, du könntest mich verstoßen -

m meinen Träumen küsst du mich,

doch es werden wohl nur Träume bleiben -

wüsste ich doch, was du empfindest,

wäre es vielleicht schmerzlich, aber klar –

So werde ich weiter still verharren,

bis du mir ein Zeichen gibst –

vielleicht wirst du mir

einmal deine Hand reichen,

ich werde meine in die deine legen -

Bis dahin werde ich unruhig bleiben,

doch niemals etwas erzwingen -

Wissen

Wenn die Weisheit im Strom der Zeit treibt,

und die Wahrheit sich im hellen Licht preisgibt,

wird so manche Entscheidung klarer,

und einige Zweifel weggewaschen.

Die Reinheit der Gedanken ist zart,

denn Hoffnungen sind nur ein Traum,

niemand blickt in das Innere eines Unbekannten,

die Frage bleibt, ob er sich ändern kann.

Solange die Menschen nicht verzeihen,

wenn all die schlimmen Wunden nicht heilen,

erst wenn wir akzeptieren, was geschieht,

wird es keine Narben mehr geben.

Es wird Zeit für uns zu verstehen,

ein wenig mehr dem anderen zu zeigen,

wie wichtig uns der Mensch ist,

wie nichtig

eine Entscheidung für die Zuneigung.

Auch wenn die neuen Tage bald,

für manchen getränkt von Bitterkeit sind,

selbst dann ist noch nicht

der letzte Rest des Vertrauens erlöscht,

so schnell reißt niemand diese Mauern ein.

Noch immer fühle ich mich aufgehoben,

in guten Händen gehalten,

damit dieses Band zerbricht, bedarf es mehr,

dass es soweit kommt glaube ich nicht.

Wechselwirkung

Du bist stark - ich weiß das,

wenn du in meine Augen siehst,

fühle ich deine Stärke,

spüre ich deine innere Kraft.

Ich bin stark - du weißt das,

wenn ich in deine Augen sehe,

fühlst du meine Stärke,

spürst du meine Energie.

Wenn wir uns in die Augen sehen,

fühlst du meine Sehnsucht,

spürst du meine Liebe, o

der sind wir beide zu stark.

Was würdest du tun,

wenn du meine Gedanken in dir hörtest

meine Gefühle in dir beben würden,

läufst du davon.

Wir sind uns sehr ähnlich,

und doch begreifen wir uns nicht,

wir sind uns sehr nahe,

und doch entfliehst du mir.

Zeig mir deine Gefühle zu mir,

und ich führe dich in meine Welt,

dann musst du dich nie mehr fürchten,

denn ich werde stets bei dir sein.

Verloren

Du bist dieser Welt entflohen,

blickst mit neuen Augen auf mein Leben,

was siehst Du in meiner Seele?

Du bist so weit entfernt,

meine Arme können nicht mehr nach Dir langen,

nur mein Herz konnte Dir folgen.

Du bist für ewig gegangen,

die Zeit des Abschieds war kurz für uns,

doch meine Liebe bleibt Dir.

Du bist für mich alles gewesen,

wenn unsere Seelen sich berührten,

blieb die Zeit der Welt stehen.

Nun sitze ich hier voll Schwermut,

und das, was mich leben lies, ist fort,

du bist nicht mehr hier,

um mir Halt zu geben

Was bleibt, ist die Erinnerung vergangener Tage,

eingeschlossen in meinem Herzen ruht sie,

der wertvollste Schatz,

den niemand mir rauben kann.

Vergangenheit

Deine weißen Hände berühren mich,

das zarte Rosa Deiner Haut ist entflohen,

leere Augen blicken mich traurig an,

die Glut der schönsten Iris ist erloschen.

Leer schweben Deine Gedanken im Raum,

ihre Kraft ist ins Nichts entschwunden,

lautlos sind Deine wenigen Worte,

das Feuer Deiner Reden ist verloren.

Ich stehe neben Dir, doch bist Du mir so fern,

ich weiß, dass Du mich hören kannst,

ich kann Deine Antworten spüren.

Noch bist Du hier ganz nah,

Deine Seele ist schon fern von hier,

die Sehnsucht Deines Herzens liegt dort,

wohin wir alle einmal folgen werden.

Wir glaubten den Sinn zu kennen,

ich finde ihn nun nicht mehr,

Du kannst ihn mir nicht mehr zeigen,

der Inhalt meines Lebens ist zerbrochen.

All die Stunden sind verstrichen,

die Zeit hat uns durch unser Leben gejagt,

die vielen Zweifel haben uns in die Enge getrieben,

damit diese eine Stunde

wie eine Ewigkeit erscheint.

Ich habe Angst vor der Dunkelheit,

wo ist das Licht in meinem Leben,

es war nun also alles umsonst gewesen,

doch es ist nicht einmal genug zum Sterben.

Verbrannt

Die Hölle ist nicht fern von hier,

sie ist immer da - gleich nebenan,

du brauchst nicht zu suchen,

denn sie wird DICH finden.

Wenn das Feuer einmal lodert,

und mit seinen Zungen an dir leckt,

wird es nicht nur deine Haut verbrennen,

es wird dich ganz und gar verzehren.

Was bleibt ist ein kläglicher Haufen,

tiefschwarz und staubig,

ein Windhauch nur, weht alles fort,

wofür du dein Leben gekämpft hast.

Von der Freiheit wirst du nichts mehr spüren,

wenn deine Asche munter schwebt,

wer wird sich noch an dich erinnern,

an etwas, was es nicht mehr gibt.

Wie oft kann man ein kleines Feuer löschen,

bis es einmal heftig brennt,

einmal wird es jeden treffen,

vielleicht ist das einfach nur gerecht.

Es bleibt einzig die Hoffnung,

dass jeder erntet, was er sät,

ist die Saat einmal aufgegangen,

kommt jede Reue viel zu spät.

Sprachlos

Gestern fehlten mir die Worte,

kein Laut wollte sagen was ich fühle,

ein Meer von Tränen tief in mir,

darin schwimmt meine Trauer um dich.

Die Zeit verrinnt so schnell,

doch es kommt mir vor, als sei sie angehalten,

an dem Tag an dem du sterben musstest,

ist die Zeit in mir erfroren.

So sehr ich mich auch bemühe,

ich kann nicht ohne dich sein,

von niemandem Liebe zu empfangen,

ist nicht so schmerzlich,

wie dich zu missen.

Jeder Tag ist Kampf und Qual,

mit dir an meiner Seite war ich stark,

die Sicherheit, die du mir gabst,

war das Fundament meines Lebens.

Ich soll nun stark sein, ohne dich,

und wenn ich an deinem Grab stehe,

will ich es einfach nicht wahrhaben,

all die Fotos können nur erinnern.

Der Film unseres Lebens lebt weiter,

doch es ist nur noch ein Rückblick,

ich wünsche mir nur noch das eine,

wenn meine Zeit reif ist,

wieder mit dir vereint zu sein.

Spaziergang

Der Atem dampft vor dem Gesicht,

bei jedem Schritt ein wenig mehr,

am Boden kriecht der Nebel,

schwingt sich über Steine und kleine Äste.

Die Schritte berühren leicht den Waldboden,

einer nach dem anderen dem Ziel entgegen,

schnell springt ein Vogel davon,

kann sich in hohe Lüfte flüchten.

Tief sind die Atemzüge,

frischer Wind weht in den Haaren

bringt den Sommer in jede Zelle,

ein Geschöpf der bunten Natur.

Weiche Regentropfen fallen herab,

rinnen über die warme Haut,

streichen tiefgrüne Blätter,

die Erde duftet erleichtert.

Kein Wort stört die Ruhe,

die Gedanken haben freien Lauf,

schweben von hier nach dort,

und folgen dem einen Weg.

Tritt ein,

in das Land des zarten Vergessens.

Sommernachtstraum

In deinen Armen möchte ich liegen,

deine Wangen an den meinen fühlen,

deine Haut die meine wärmend,

in einer lauen Sommernacht.

Wenn die Sterne nur für uns funkeln,

und die Nacht uns ihre Liebe schenkt,

liegen tiefe Wälder still im Schlaf,

in einer lauen Sommernacht.

Deine Lippen berühren mich,

ich blicke in deine Augen,

meine Hand streicht dein Gesicht,

in einer lauen Sommernacht.

Leise Worte rascheln im Gras,

all die Blumen ruhen im Sommerwind,

mein Herz ist dir so nahe,

in einer lauen Sommernacht.

Du hast mich verzaubert,

meine Zärtlichkeit wird dir behagen,

wenn ich dich mit mir nehme

in eine laue Sommernacht.

Du nimmst mich bei der Hand,

ich werde dich in meine Welt entführen,

wo unsere Zeit beginnt,

in einer lauen Sommernacht.

Das Heu in meinen Armen,

träumt duftend nach dieser friedvollen Zeit,

wenn wir nur beieinander wären,

in einer lauen Sommernacht.

Schweigen

Die Zeit ist verstummt,

das innere Licht längst erloschen,

alle Gefühle wurden in Stahl gegossen,

und die Seelen sind zu Staub zerfallen.

Gedanken gleiten weit fort,

der Grabstein fühlt sich angenehm kühl an,

die Worte darauf sind zu Stein geworden,

Realität ist eine Frage der Betrachtung.

Sieh - wie dort die Wünsche vergehen,

Träume im Schrei erwachen,

und Liebe im Alltag ertrinkt.

Was soll diese Welt noch verlangen,

wenn dein Herz zu Stein gefroren,

jedem Schmerz tapfer widersteht.

Reinigung

Der Regen fällt in Schwermut herab,

tränkt die Erde mit zu Luft gewordenem Schmerz,

die Trauer der Vergangenheit tropft,

in dicken Tränen vom Himmel.

Immer wieder bläst eine Böe,

tragische Wut in den Regen,

Verzweifelt tanzen die Regentropfen,

auf der Wasseroberfläche,

sträuben sich noch,

und versinken in der Vergessenheit der Masse.

All der Kummer,

den die Sonne aufgesogen,

ergießt sich nun

nährend auf die Erde,

lässt neues erwachsen.

Der Regen wäscht den letzten Zweifel

von unseren Gesichtern,

und wenn die Sonne wieder herabblickt,

ersprießen unsere Herzen

in neuem Grün.

Ohne Dich

Ohne Dich,

bin ich ein Engel mit nur einem Flügel,

eine einsame Blume auf weitem Feld,

wie der Mond ohne Sterne.

Du bist der Schmetterling auf meiner Seele,

der Tau auf meinen Blättern,

wenn ich zu welken drohe,

halte ich dein Bild in meinen Armen.

Willst du an meiner Seite sein,

ich schenke dir mein Herz,

ich will dich, ganz nah bei mir.

Ich fühle deinen Atem,

wie er meine Haut streichelt,

ich kann dich fühlen,

wenn du an mich denkst.

In deine schönen Augen falle ich,

wenn sie mich tief anblicken,

das Funkeln und der Glanz sind es,

die mich lächeln lassen.

In meinen geheimen Gedanken,

ruht mein Kopf an deiner Schulter,

die mich zärtlich stützt,

damit ich dir meine Zuneigung schenken kann.

Leg deinen Arm um mich,

wie sich meine Liebe um dich spinnt,

lass uns an den Händen fassen,

und gemeinsam die Welt umrunden.

Ich liebe Dich und ich wünschte mir,

Du liebtest auch mich.

Nähe

Ich kann Dich sehen,

wo ich auch bin,

dein Bild ist in mir,

ich kann dich fühlen,

wo du auch bist,

ich bin bei dir.

Ich bin die Träne in Deinen Augen,

der Luftzug in Deiner Nähe,

mein Schutz begleitet Dich,

ich bin die Hüterin Deiner Liebe.

Im warmen Strahl der Sonne

dort habe ich mich versteckt,

lausche Deinen Worten, fühle tief in Dich hinein.

Mein Herz ist offen nur für Dich,

mein Krafttier führt Deine Träume,

hält Deine Hand im Schlaf,

wenn ich nicht bei Dir sein kann.

Jeder Blick in Deine Augen,

Deine Stimme in meinen Ohren,

ist wie eine zärtliche Umarmung,

ich sehne mich nach mehr.

Stets auf der Flucht,

laufe ich direkt in Deine Arme,

wohin ich auch laufe,

Du wartest am Ziel auf mich.

Am Straßenrand sehe ich Dich stehen,

Dein Blick streift mich,

unsere Seelen gehen Hand in Hand,

nur wir gehen nebeneinander her.

Deine Augen sind ein magischer Himmel,

es fehlt mir der richtige Zauberspruch,

um das goldene Tor zu durchschreiten,

wo ist das Buch zu Deinem Herzen.

Nah und Fern

In der Ferne ist ein Raum,

verdrängt das,

was in ihm liegt,

greift nach dem,

was anders ist.

In der Ferne liegt ein Ort,

atmet alles, was er bekommt,

verstößt, was nicht gefällt.

Meine Lider sind schwer,

und doch kocht mein Herz,

begreift nicht, was hier geschieht.

Hin- und her- gerissen,

zwischen Zuneigung und Furcht,

muss irgendwo mein Gefühl vergraben sein.

Ungewissheit ist es,

sie schmerzt und bohrt,

macht mich stark und schwach zugleich.

Ob es eine Lösung geben wird, bleibt ungewiss,

sonst bleibt nur mein Gefühl,

und der Rest ist nicht definiert.

Morgentau

Im Tau eines frischen Morgen,

liegt der neue Tag und lächelt,

er wiegt sich im Schein des Lichts,

und verbirgt im Inneren die Geheimnisse,

der herannahenden Stunden.

Tropfen für Tropfen fällte er herab,

zergeht auf nachtkühler Erde so sanft,

mit zarten Fingern greift die Sonne nach ihm,

um ihn zu sich zu holen,

bis ihn der Abend wieder in seine Arme nimmt.

Der Tau auf deiner Haut,

wird dir von mir erzählen,

meine Gedanken, sind die Tropfen des Morgens,

meine Zuneigung der Dunst des Tages,

und meine Gefühle der Reif der Nacht.

Wie der Tau möchte ich verschmelzen,

mit dir zur Sonne reisen,

vom Abend uns umarmen lassen,

und am Morgen munter schimmernd,

mit dir die Erde überziehen.

Meine Liebe

Still ist sie – voll Trauer und Schwermut.

Tief ist sie – voll Inbrunst und Hingabe.

Weit ist sie – unendlich und ohne Zeit.

Groß ist sie – nicht messbar und frei von Raum.

Mächtig ist sie - unverletzlich und tapfer.

Frei ist sie – von Zwang und Beschränkung.

Geheim ist sie - verschwiegen

und voll Hoffnung.

All das ist sie - meine Liebe zu Dir.

Lebenszeit

Wie Sand rinnt die Zeit,

den Fluss des Lebens hinab,

wie kleine Schiffe treiben wir,

im Strom rasend dem Strudel entgegen.

Blätter und Rosen, sie schwimmen obenauf,

tanzen wie Kinder auf den Wellen,

bis sie still untergehen.

Golden glitzern die Sonnenstrahlen,

leuchten und blitzen munter,

zwischen dem grau und grün und blau,

des kühlen Wassers.

Tropfen springen an Land,

nähren die dürstende Erde,

sind der Elfen stete süße Nektare,

Tränen einer vergessenen Welt.

Regentropfen trommeln,

rufen alle Wesen herbei,

bis die Sonne wieder scheint,

um auf dem Regenbogen zu tanzen.

Am tiefen Grund des kühlen Nass,

liegt dein Herz begraben,

neben all den glatten Steinen,

bis eine warme Hand danach greift.

Auf der kleinen Brücke aus Holz,

wandeln all meine zarten Gedanken,

wie Federn schweben sie, meine Engel,

um dich zu sehen.

Lauf der Zeit

Die Dunkelheit naht,

sie ist nicht mehr weit,

ich habe in ihrem Schoß gelegen,

auch mein Schicksal ist besiegelt

Draußen ist es kalt,

die Nacht hat den Tag erstickt,

meine müden Augen sind schwer,

und die Erinnerung ist entschlafen.

Meine Gedanken sind leer,

es scheint als wäre nichts passiert,

die Zukunft liegt im Ungewissen,

denn ich habe das Gestern nicht besiegt.

Es ist der Zorn der das Leben zerfrisst,

all die Sorgen fließen hinaus auf die Straßen,

sie schleichen von Haus zu Haus und warten,

bis jemand die Türe aufmacht.

Ich habe mich verkrochen,

tief in eine Ecke meiner Seele,

dort warte ich auf den Morgen,

und frage mich ob ich ihn wiedersehe.

Langsam weicht das Leben aus den Menschen,

irgendwann werden sie blass und schwach,

selbst Jugend ist keine Garantie für Zeit,

ich weiß nicht, wieviel man mir gegeben hat.

Hoffnung und Angst wechseln sich ab,

in meinen Träumen bin ich frei,

all die Ziele sie sind plötzlich so nah,

und im Morgengrauen laufen sie davon.

Der blaue Ritter hoch zu Ross,

fordert mit Übermut mein Leben,

ich ahne die Gefahren,

 doch wir sind ihm alle unterlegen.

Kartenspiel

Stets werden die Karten neu gemischt,

der Narr ist es,

der Anfang und Ende verbindet,

dazwischen liegt das ganze Leben,

wohin es uns führt,

das wissen wir nicht.

Man setzte unser Samenkorn in die Erde,

was daraus erblüht, liegt in unserer Hand,

vielleicht wird das Laub nicht welken

wird uns das Schicksal nicht ertränken.

Kühler Wind lässt uns zittern,

dennoch rufen die warmen Strahlen,

unsere Bestimmung ins Gedächtnis zurück,

oder wir haben unseren Weg verloren.

Ist der letzte Tag erloschen,

betrachten andere unser Werk,

jede Minute kann unsere letzte sein,

denn die Zeit ist knapp bemessen.

Wo Freude und Furcht sich treffen,

liegt unsere längste Nacht,

sollen ausharren oder fliehen,

es liegt in unserer Macht.

Janus

Das Gesicht des Janus,

es lächelt morbide, blickt gelassen nach einem Ziel,

sein Geist liegt um die Erde,

wie ein Totenhemd.

Wenn sein Gedanke erwacht,

kehrt Dunkelheit in die Menschen,

lüstern langt er nach Leben,

bis die Erde im Blut ertrinkt.

Das Gesicht des Janus,

es lächelt zufrieden,

wenn die letzten Leiber sinken,

und er sich satt zur Ruhe legt.

Wenn sein Gedanke aufersteht,

wird es wieder so sein,

Zeit und Raum sind bedeutungslos,

bis die Erde im Blut erstickt.

In meinen Träumen

In meinen Träumen bin ich ganz nah bei dir,

in meinen Träumen bist du nie fern von mir,

in meinen Träumen gibt es keine Distanz,

in meinen Träumen steht nichts zwischen uns.

Du kennst meine geheimen Gedanken nicht,

ich kenne deine tiefsten Gefühle nicht,

wir kennen uns nicht einmal so schlecht,

doch keiner weiß, was der andere fühlt.

Ich sehe in dein Gesicht und verstehe nicht,

ich spreche mit dir und begreife nicht,

du gibst mir mit jedem Blick ein Rätsel auf,

und jedes deiner Worte macht mich nur unsicher.

Zu gerne würde ich in deine Gedanken sehen,

auch wenn ich mich ein wenig fürchte,

die Angst vor der Wahrheit ist nicht so stark,

schwächer als das Verlangen nach dir.

Tief liegt etwas in dir verborgen,

manchmal drängt es um sich zu zeigen,

kaum meine ich ein wenig zu erkennen,

versteckst du dich - viel zu weit - vor mir.

Manchmal frage ich mich,

warum ich an dich denke,

ich weiß, dass es keine Chance für mich gibt,

doch ich möchte einmal in dein Herz sehen,

denn ich glaube, ich mag das sehr, was ich sähe.

Und immer bleibt die Frage,

was denkst du über mich.

In Gedanken

Denkst du an mich, wenn der Morgen graut,

und die Sonne das Land streichelt.

Denkst du an mich, wenn du fern von hier erwachst,

ohne meine Nähe zu spüren.

Denkst du an mich, wenn der Wind in deinen Haaren,

die Melodie meiner Gedanken summt.

Denkst du an mich, wenn der Abend kommt,

du könntest an meiner Seite ruhen.

Denkst du an mich, wenn sich im Wasser meine Augen spiegeln,

du sollst immer willkommen sein.

Denkst du an mich, wenn ein Schluck die Kehle herab rinnt,

als sei es ein Kuss von mir.

Denkst du je an mich.

In der Nacht

Der graue Mohn wartet auf den Morgen,

die Sonne bringt den Tag zurück,

wenn dunkle Sterne endlich entschlafen,

hat der Tod sich sein Bett gemacht.

Verloren scheint das Leben zu sein,

doch die Wärme belebt den stillen Traum,

was in der Dunkelheit verborgen war,

spiegelt sich nun in müder Realität.

Wie im Moor versunken taumelt das Bewusstsein,

verklärt von der Hoffnung auf ein würdiges Ende,

in Salz gemeißelt bebt das Leben,

bis der Regen kommt.

Kaltes Wasser wäscht unsere Gefühle ab,

was bleibt ist nur die Fassade,

wer die Türen öffnet fällt auf sich selbst herein,

es ist die Ehrlichkeit, die siegen wird.

Das Leichentuch ist rot vom Blut der Ängste,

die Schatten sind es, die dich vernichten,

in Hast rennt dein Innerstes

dem Abgrund entgegen,

ist dort niemand der dich liebevoll auffängt.

Die Kälte zerfrisst deine Willenskraft,

der Hauch der Einsamkeit hat dich erfasst,

wenn die kalten Fesseln sich nicht lösen lassen,

bist du vielleicht für immer verloren.

Es wird dunkel um uns,

der Gleichmut hat den Sinn erfroren,

leg dich hin zum Schlaf, mein Bruder,

und es wird kein Erwachen mehr geben.

Im Frühling

In der Ferne ruht der Blick

sieht das Bild einer anderen Welt,

dicke Wolken ziehen über das Land,

als hätte es nie einen Winter gegeben.

Es ist die Zeit, in der Vertrautes fremd erscheint,

und die Realität unwirklich wird,

wie ein Kind beginnt die Natur von neuem,

um im ewigen Kreislauf am Ende zu sterben.

Mit jedem Blatt kommt der Sommer näher,

mit all den Blüten bringt er Freunde zurück,

jeder Sonnenstrahl lässt die Schwermut sinken,

bis unsere Herzen wieder glücklich sind.

Der Dunst des schwülen Tages,

er löst den kühlen Abend ab,

viele Städte schmiegen sich in Täler,

während das Leben weitergeht.

Erinnerung ist der Schlüssel,

an jedem neuen Tag sind wir neu geboren,

erschaffen und gedenken altem,

der Moment ist der Ursprung unserer Ziele.

Ich und Ich

Tief in meinem Herzen ist ein Tal,

dort findest du mich wie ich wirklich bin.

Wenn ich in deine Augen sehe,

verstehe ich nicht,

was deine Seele spricht.

Für einen zu kurzen Augenblick nur,

bist du mir nahe,

dann entfliehst du meinem Blick.

Es ist ein Spiel,

das sich ständig wiederholt,

ich fürchte, es wird immer so sein...

Was du auch denkst,

ich würde so gerne einmal in dein Herz sehen,

um in das Tal zu gehen, in dem du bist.

Könnte ich dich bei den Händen fassen,

ich würde dir meine Welt zeigen,

dich entführen an einen Ort,

fern von Zeit.

Ich würde mit dir an einem Strand sitzen,

an den die Wellen meine Träume herantragen,

und der Wind von deiner Seele spricht.

So warte ich hier auf dich,

vor dem Tor der inneren Welten,

bis du kommst...

Herbst

Schwermütig zieht der Sommer über das Land,

breitet noch einmal seine Hitze aus,

bis die letzte Glut erloschen ist,

um nächstes Jahr wieder zu kehren.

In meinen Augen spiegelt sich der See,

wenn ich seine Wärme fühle,

glänzt in goldenem Licht,

wenn er auf meiner Haut zerbricht.

In meinen Gedanken liegt dort Eis,

wo jetzt noch Pflanzen blühen,

und im kalten weiß,

erstickt die Erinnerung an jetzt.

Es ist die Hoffnung die zerbrochen ist,

in den Scherben glimmt der Frühling,

wartet auf einen Wanderer,

der sein Auge erbarmend niedersenkt.

Im Wasser der Frühlingssonne badet ein Vogel,

sein Gefieder bunt wie der nahende Sommer,

seine Stimme verkündet ein neues Jahr,

wo gestern noch eisige Stille lag.

Der Schlüssel zu meinem Herzen liegt dort,

wo Frühling und Sommer sich berühren,

in den milden Gräsern versteckt,

ganz still und ohne Ruh.

Es wartet meine Seele, wie das Veilchen auf

seine Zeit, bis das ersehnte naht,

bis deine Schritte neben mir enden.

Hand in Hand

Gib mir Deine Hand,

ich will mit Dir auf Wolken gehen,

Dich in fremde Sphären entfuhren,

Dich in meiner Welt verfuhren.

Sieh mich an, ich zeige Dir die Tiefe meiner Seele,

wo am Meeresgrund die Sterne funkeln,

dies ist unser geheimes Land.

Lass mich Dich führen,

in schönste Welten, die Du ahnst,

ich will Dir die Dinge zeigen,

wie Du sie noch nicht betrachtet.

Nimm mich bei der Hand,

Du kannst mir vertrauen,

die Engel sind meine Führer,

sie sind meiner wahren Liebe Garant.

Sieh hinauf zum Mond,

es leuchten die zarten Bande,

die sie für uns schon geknüpft,

im weichen Licht des lauen Abends.

Die Erde ist warm und weich,

sie bettet unsere Gefühle in Verschwiegenheit,

jede Hoffnung jeden Traum,

saugt sie auf und hütet diesen Schatz.

Das Feuer in uns ist entbrannt,

wir wollen es nicht löschen,

doch verhängen die Fenster unserer Seelen,

damit der andere nicht hineinblicken kann.

Glaube

Im Licht deiner Gestalt liegt Hoffnung,

der Glanz in deinen Augen gleicht Sternen,

wenn du erscheinst,

erfüllst du den Raum,

dein goldenes Licht erweckt mein Herz.

Ihr seid stets bei mir,

jeden Tag an meiner Seite,

ich lernte um euren Rat zu bitten,

wir sind Brüder des ewigen Lichts.

Das Kind in mir ist erwacht,

es hat sich meiner Seele offenbart,

ich habe es gleich erkannt,

friedvoll und zart,

glücklich und stark.

Ich reise mit euch in mich hinein,

ihr fuhrt meine Gebete und mein Leben,

den langen Weg hinab in mein Unterbewusstsein,

um zu erfüllen, wozu ich gekommen bin.

Ich fliege hinfort an stille Orte,

um mit euch zu sein,

denn die Wahrheit liegt in der Existenz,

ich lausche euren Geschichten.

All die Farben, all das Licht,

Liebe entspringt dieser Quelle,

deren Wasser nie versiegt.

Nehmt mich bei der Hand,

fuhrt mich in das Geheimnis des Lebens,

eure sanfte Führung lässt mich nicht straucheln,

ihr seid der Halt meines Seins.

Wenn ich mein Haupt in euren Schoß lege,

bin ich sicher und unverletzbar,

meine Gedanken sind die Taten meines Herzens,

und mein Weg wird von euch erleuchtet.

Gezeiten

Für all den Schmerz im Leben,

die Furcht und Einsamkeit,

lege ich meine Hand auf deine Seele,

um die Wunden zu schließen.

Siehst du die Wolken am Himmel,

sie kommen und gehen,

sie drohen und ziehen weiter,

und wenn es regnet tanzen wir.

Hörst du den rauen Wind,

in seinen Armen liegt ein Stück von jedem Land,

hier geraubt und zu dir gebracht,

du kannst die Ferne in ihm atmen.

Fühlst du die helle Sonne,

ihre Strahlen sind weit gereist,

der Schein wie durch Watte gefiltert,

doch er ist an nichts zerbrochen.

Riechst du den Mond,

wie er kühl von der Nacht erzählt,

wenn die Sterne sich Geschichten erzählen,

bis der tau sie eingeschläfert hat.

Gib mir deine Hand,

leg sie in die meine,

wenn es regnet lass uns tanzen,

bis die Sonne untergeht.

Siehst du mich, an deiner Seite,

Sonne des Tages,

Mond der Nacht.

Genesis

Der Traum in meiner Hand,

ist so zart wie Seide,

das Licht der Wirklichkeit,

scheint vorsichtig hindurch.

Der Traum in meiner Hand,

wächst in sattem grün,

mit jeder Hoffnung,

strahlt eine Blüte mehr.

Der Tram in meiner Hand,

schwebt so sanft wie ein Engel,

die feinen Flügel eifrig bewegt,

überblickt er mein Sein.

Der Traum in meiner Hand,

läuft nicht davon,

denn er ist ein Teil von mir,

stets andächtig gehütet.

Der Traum in meiner Hand,

schließt dich mit ein,

bist du auch noch so entfernt,

berühren meine Gedanken doch deine Person.

Der Traum in meiner Hand,

ist er erwacht -

es ist Zeit um Wirklichkeit zu werden,

und ich öffne meine Hand.

Mein Traum, schwebt nun über sattem Grün

seidenes Licht umschließt auch dich,

wie eine strahlende Blüte gibt es uns,

nun auch in Wirklichkeit,

gib mir deine Hand.

Gebet

Mein Herr und Gott,

halte deine liebevolle Hand über uns,

damit die Sonne des Tages uns nicht verbrennt,

und die Kühle der Nacht uns nicht frieren lässt,

schenke uns deine bedingungslose Liebe,

damit wir sie stets in uns tragen und weitergeben,
und setzte den Samen des Guten in unser Herz,

damit wir endlich aufhören uns zu verletzen,

lehre uns, unsere Erde zu lieben mit all ihren Wesen,

lass uns in jeder Pflanze, jedem Tier und Mensch,

den göttlichen Funken sehen und ehren,

gib uns Licht mit auf unseren Weg,

damit wir nicht verängstigt durch unser Leben irren,

gib uns die Kraft, jeden Morgen neu zu beginnen,

und mit glücklich erfülltem Herzen dankbar zu beenden,

öffne unsere Augen für die Wunder unserer Welt,

der Blick auf all die schönen Dinge soll uns erfreuen,

und wo wir auch sind, lass uns täglich Gutes tun,
deine Engel seien stets an unserer Seite,

wir wollen ihrem weisen Rat folgen,

wir geben unser Leben in deine Obhut,

und bitten darum, all die Menschen die wir lieben,

in deine schützenden Hände geben zu dürfen,

nimm unsere Gebete an und erhöre unsere Bitten,

gib uns den Mut und die Kraft Gutes zu tun,und uns selbst unsere Fehler einzugestehen,

gib uns Geduld mit uns selbst und unseren Mitmenschen,

lass uns nachsichtig sein und voller Liebe, damit wir stets mit reinem Herzen vor dich treten.

AMEN

Frühling

Wie ein kleiner Bach,

so plätschert das Leben,

mal einen Hügel hinab,

mal einen Wald entlang.

Das klare Wasser spiegelt das Licht,

bricht es wie ein kostbarer Kristall,

zieht ein schillerndes Band,

wie eine Silberschnur durch die Wiesen.

Er flüstert geheime Worte,

Fische schnappen nach Luft,

hört ihnen aufmerksam zu,

wenn sie neues berichten.

Die Frühlingsblume am Uferrand,

trinkt durstig vom milden Wasser,

winkt den Tropen wehmütig nach,

wie sie fröhlich über Stromschnellen springen.

Die Frühjahrssonne schimmert durch die Blätter,

und glänzt im Fell der Tiere,

sie wärmt den duftenden Boden,

bis er sich blühend öffnet.

Durch die milde Luft gleiten Vögel,

und manchmal lächelt ein Fuchs,

die Feen der Wälder sind erwacht,

und tauchen alles in ihr zartes Gold.

Fernweh

Unter den Sternen leuchtet Dein Gesicht,

ich blicke in ein unergründliches Universum,

fern von dieser Welt ist Dein Blick,

wenn er meine Augen trifft.

Bist Du nur auch nie so nah,

ich spüre Deine Hand,

ich fühle Deinen Körper,

als wenn Du mich berührtest.

Du stehst an meiner Seite,

immer wenn ich Dich rufe,

Du bewachst meine Träume,

damit ich nicht entschlafe.

Es ist Deine Stimme,

die mich durch den Tag geleitet,

die mich ruhig werden lässt,

um mich in Dir zu sammeln.

Meine Engel sende ich Dir,

um meine Botschaft zu überbringen,

diesen Weg gemeinsam zu beschreiten,

auch wenn wir verschiedene Ziele haben.

Nimm mich bei der Hand,

ich möchte an Deiner Seite sein,

um Dir mein Lachen zu schenken,

wenn trockne Tränen dein Herz erfüllen.

Ich bin der Regenbogen an Deinem Himmel,

wenn die Sonne den Regen küsst, meine Liebe ist wie eine Taube,

die niemals ihr Zuhause vergisst.

Erwachen

Das Licht am Ende der Straße ist fahl,

denn der Morgen naht und zerbricht die Dunkelheit,

Langsam stirbt die Nacht und bleibt die Erinnerung,

die Leidenschaft deines Schleiers verbrennt,

wenn die Morgensonne blutrot den Tag beschwört.

Das vereinzelte Licht in deinem Fenster,

kann das was geschehen ist nicht halten,

in einem einzelnen Atemzug erwacht die junge Vergangenheit,

und verharrt wie ein schöner Tänzer in meinen Augen.

Der Tag erwacht in munterem Grau vor mir,

ohne inne zu halten entreißt der Tag alle Träume,

verbannt sie in die ferne Nacht,

bis die Schatten unsichtbar werden, wie wir.

Dann tauchen wir ein in den dunklen See,

lassen uns treiben im Wind der Unwirklichkeit,

für einen kurzen Moment nur leben wir,

die Unsterblichkeit umarmend,

um jäh im Schein der Laterne,

an den nahenden Morgen erinnert zu werden,

in dem unsere Existenzen zerfließen,

bis uns die Nacht von neuem zu dem friert,

was wir sind,

Liebende der Nacht

Engel

Wenn Engel herabsteigen,

kommen sie, uns Menschen zu fuhren,

all die steinigen Wege zu gehen,

um an unser Ziel zu gelangen.

Ihre Sanftmut ist grenzenlos,

wenn wir uns selbst verzeihen,

das Leben liegt in unserer Hand,

sie helfen, uns nicht selbst zu verlieren.

Die zarten Flügel schützen uns,

verwehren unseren Augen,

den Blick auf den falschen Weg,

weisen uns dem Licht entgegen.

Unsere Engel sind es,

die zwei Menschen zusammenführen,

und deren Herzen mit Liebe erfüllen

um mit ihnen hinauf zu steigen.

Es ist der Hauch der Engel,

ihr Atem auf unserer Seele,

der uns glücklich macht,

immer wenn wir ihnen nahe sind.

Ihr Herz schlägt in unserem,

wenn wir lieben und danken,

es spricht zu uns mit jeder guten Tat,

wenn wir uns stets bemühen.

Wir sind es die geführt werden,

deren Hand sie halten,

um nicht im Dunklen zu bleiben,

und dem Licht immer näher zu kommen.

Sie schenken uns all die liebe,

zu der wir fähig sein sollten,

zeigen uns den rechten Weg,

damit wir uns vereinen,

und mit ihnen der Glückseligkeit entgegen fliegen.

Ein Jahr

Es ist dein Todestag,

meine Gedanken sind stets bei dir,

wohin ich auch gehe,

dein Bild ist in mir,

mein Herz trägt die Erinnerungen,

wie ein Tresor stets mit sich.

Der Gedanke daran, dass du tot bist,

zerreißt mir noch immer das Herz,

ich weiß nicht,

wie ich ohne deine Nähe leben soll,

ohne den tiefen Blick voller Liebe,

ohne die wärmende Seite deines Wesens,

niemand kann deinen Platz einnehmen,

kein Lebewesen, schon gar kein Mensch.

Du hast ein großes Loch hinterlassen,

als du gegangen bist,

und ich bin so tief gestürzt,

dass ich den Ausgang nicht mehr finde.

Seit du tot bist, bin ich so einsam,

Tränen rinnen heiß über mein Gesicht,

und ich muss sie vor allen verbergen,

wo bist du.

in solchen Zeiten, warst du immer für mich da.

Hast Tränen getrocknet,

die sonst niemand verstand,

nun bin ich allein mit meinem Kummer,

und wünsche mir dich so sehr zurück.

DU

Wie das Rauschen des Meeres kommst du heran

ich fühle es wenn du dich näherst,

ich stehe auf den Klippen und beobachte dich,

denn du suchst meine Nähe um ihr zu entfliehen.

Es ist, deine Stimme die in meinen Gedanken hallt,

deine Worte sind es,

die auf meiner Netzhaut brennen,

es ist der Sinn hinter deinen Sätzen, der mich lockt,

ich versuche zu ertasten,

was du mir mitteilen willst.

Du spielst ein Spiel mit mir, das wissen wir beide,

immer wieder gibst du die Karten von neuem aus,

du blickst in meine Karten,

und suchst dabei mein Herz,

doch die Trümpfe liegen noch in deiner Hand.

Auf meinem Feld kämpfen nicht die Toren,

denn in der Schlacht erwartet dich der Weise,

der Pfad unserer Leben ist schmal und tückisch,

zwischen Mut und List

liegt unser Schicksal vergraben.

Wer will das Ende kennen,

den dieser Reigen nimmt,

Annäherung und Distanz,

 bilden unser Universum, es ist unser Spiel,

und Sehnsucht ist der ganze Einsatz,

das Tor zu unserer Welt

bleibt für andere verschlossen.

In deiner Rüstung brennt ein Mensch,

es sind die Flammen die dich verraten,

der kurze Augenblick des lodernden Feuers,

bis die Gefühle verkohlen

und im Wind zerbröckeln.

Der Kampf zwischen Hingabe und Vernunft,

dein Schwert richtet sich gegen mich,

es ist ein Kampf um Leben und Tod,

doch würden wir uns nie verletzen.

Die Spinne im Netz

Dunkle Letter auf hellem Grund,

sie blitzen auf und blicken mich an,

Worte formen sich aus der Ferne,

sie sind still und unnahbar.

Stumme Zeugen deiner Gedanken,

schicken eine verschlüsselte Nachricht,

sie sind die Soldaten deiner Sprache,

auf dem Schlachtfeld der Kommunikation.

Wie eine Spinne im Netz wartest du,

um vor dem Ersehnten zu fliehen,

deine Sehnsucht nach Nähe ist es,

die dich auf Distanz gehen lässt.

Warum bittest du mich herein,

während du durch die Hintertüre fliehst,

sind harte Worte der Lohn für Menschlichkeit,

oder hast du Angst, dass du dich selbst verlierst.

Deine Worte blicken mich weiter an,

ich schicke dir meine Antwort,

kannst du meine Stimme hören,

wenn ich dir meine Gedanken schenke.

Während ich schreibe bin ich sicher,

denn du wirst nie mein Lächeln sehen,

der Blick ruht auf dem Bildschirm,

er ist das Tor zu unseren Herzen.

Der Blick

Du hast den Tod gesehen,

und du spürtest seine Hand,

in tiefstes Schwarz versunken,

hast du dein kleines Licht gesucht.

Das Tor zu Hier, es kann so fern sein,

nur wer nicht strauchelt findet jemals zurück,

bis du einmal ins Wanken geraten,

wirst du ein leichtes Opfer seines Leichtsinns sein.

Fühlst du wie die Kraft entschwindet,

aus jeder Zelle deines Körpers,

wie du schwächer und schwächer wirst,

und kaum sichtbar in dich zusammenfällst.

Der leere Blick in deinen Augen,

erzählt die Geschichte von einer anderen Welt,

deine Gedanken ruhen an einem fernen Ort,

wann wird dein Körper folgen.

Vielleicht ist es gerade die Angst,

die dich in die Dunkelheit zieht,

der Schrecken vor dem Vergehen,

oder der Ewigkeit ins Auge zu sehen.

Vielleicht wirst du dein Leben aufgeben,

und in das tiefe Tal der Vergänglichkeit tauchen,

doch die Leinen deines Schiffes,

sind noch immer mit dem Leben vertäut.

Wohin du gehst liegt nicht in deiner Hand,

Verzweiflung ist kein hoher Preis,

wie sollst du anmutig sterben,

wenn du jetzt nicht recht zu leben weißt,

Das fehlende Stück

Ich sah die Welt mit deinen Augen,

fühlte das Sein mit deinem Herz,

lernte die Sprache deiner Gedanken,

atmete das Gefühl deiner Existenz.

Du kanntest alle meine Gedanken,

fühltest mein ganzes Leben,

sahst jedes Geheimnis meiner Seele,

deine stillen Worte sprachen in mein Herz.

Du warst immer stark,

auch wenn ich schwach war,

immer an meiner Seite,

selbst wenn andere mir den Rücken kehrten,

du liebtest mich, wie ich bin.

Für deine Freundschaft gibt es keinen Ersatz,

kein Mensch kann das geben,

was wir uns bedeuteten,

keine Liebe kann so bedingungslos sein.

Alles was ich heute bin,

verdanke ich deiner Freundschaft,

alles was ich je erreichen werde,

hat seinen Ursprung in deiner Geduld.

Cube

Das Leben ist ein Karton,

zu viele Ecken - wenig Raum.

Egal in welche Richtung du gehst,

überall triffst du auf eine Wand.

Was auch immer du tust, du bleibst in deiner Schachtel.

Manchmal legt jemand etwas dazu,

öfters nimmt irgendwer etwas heraus.

Es liegt an dir, ob es dunkel ist, wer sollte sonst den Deckel schließen.

Was immer du auch in deiner Kiste tust, es bleibt nie ganz unbemerkt.

Sorgsam muss man wählen, wen man in seine Truhe blicken lässt.

Ob du einsam bleibst,

in deinem Karton, oder ihn mit anderen teilst,

wichtig ist nur, dass du glücklich bist,

und DAS mit den anderen teilst.

Animus

Der Mann in meinem Ohr,

flüstert Zärtlich unerhörte Worte.

Der Mann in meinen Augen,

blickt mich gierig an.

Der Mann in meiner Nase,

verströmt animalisch Duft von Liebesrausch.

Der Mann auf meinen Lippen,

lässt sich von meiner Zunge betören.

Der Mann unter meiner Haut,

streichelt mich mit weicher Wollust.

Der Mann in mir,

erkundet die geheimsten Stellen meines Körpers.

Der Mann in meinem Herzen,

spielt Domino mit meiner Lust.

Dieser Mann kommt und geht

und doch bleibt er immer bei mir.

Am Ende des Tages

Im kühlen Abendwind singt ein Vogel,

von verlorenen Herzen und Schmerz,

seine Stimme klingt in mir,

wenn ich durch die Wälder laufe.

Mit jedem einzelnen Atemzug,

füllt mich seine Trauer aus,

mit all den Schritten,

gehe ich den Weg seiner Klage.

Langsam sinkt die Sonne,

ihre Wärme nimmt sie mit,

ihr dunkles rot scheint durch die Blätter,

taucht alles in weiches Licht.

Zarter Nebel steigt auf,

greift mit feuchten Fingern nach mir,

legt sich kühl auf meine Haut,

hüllt mich schützend in seinen Dunst.

Der Abend legt seine dunkle Hand,

nach und nach über das Land,

bis das silberne Licht des Mondes,

still über dem Wasser liegt.

Meine Schritte werden schneller,

ich fühle den Boden unter mir,

der Wind legt einen Schleier über mich,

die Zeit scheint still zu stehen.

Weit fort sind meine Gedanken,

auf der Reise in den Nebel,

schweben im warmen Dunst,

sie sind es die mich führen.

Der Vogel putzt sein Gefieder,

seine klugen Augen betrachten mich,

er lächelt sanft,

denn er kennt meine Gedanken

Albtraum

Tretet ein - ihr Geister,

wollt meinen Schlaf verdüstern,

ich habe euch schon erwartet,

eure Grausamkeiten

können mich nicht erschrecken.

Das Schild der Weisheit,

ihr habt es geraubt,

nun furchtet ihr euch,

denn ihr habt euch selbst erkannt.

Die Wahrheit hat euch nicht gut getan,

war das Bild eurer Schrecken zu groß,

warum kommt ihr, um Gnade bittend,

zu allen, die ihr gequält.

Euer funkelnder Schabernack war es,

der viele Leben erlöschen ließ,

ihr habt die Sanduhr ausgeleert,

warum sollte es euch besser ergehen.

Ihr könnt mir nicht drohen,

denn ihr habt mir alles gezeigt,

die schlimmsten Ängste, waren klein genug

um eure schwarzen Seelen zu erheitern.

Ich schicke euch fort,

wohin euch eure Laster tragen,

ich wünschte euch schönere Träume,

denn die eigenen werdet ihr nicht ertragen.

Abendstimmung

Der Tag schließt langsam seine Augen,

die Nacht fällt schon sanft herab,

das letzte Rot zerfällt im kühlen Herbstwind,

und der große Schatten breitet sein Tuch aus.

Der Wind bringt Sehnsucht und Erinnerung,

all die Tage am Meer vergangener Zeit,

Salz auf erhitzter Haut,

warmer Sand in Muscheln suchenden Händen.

Die Straße in Mitten der Stadt,

sie wird zum Rande der Erde,

an der Linie zwischen Traum und Wirklichkeit,

klingt das Rauschen so freundlich und nah.

Es sind die steilen grauen Klippen,

sie rufen dich immer und immer wieder,

die Gischt schäumt verlockend,

und alle Sorgen stürzen hinein.

Leiser Regen fällt herab,

es ist still und doch voll Leben,

die kleine Stadt hat sich vergraben,

im grau des frühen Abends.

Es sind Kinderaugen, deren Glanz den Sternen gleicht,

das Licht des Sommers auf der Netzhaut,

eingebrannte Träume bis zum nächsten Jahr.

Ruhig weht der Wind ein letztes Mal,

um im Sturm unterzugehen,

erstickt im Gebrüll des Winters,

der mit eisigen Klauen nach ihm greift.

Abend

wenn die Schatten herabsteigen,

und die weichen Wolken fortziehen,

liegen Himmel und Erde im stillen Gebet,

der kühle Abendwind verdrängt den Tag.

Sanft schiebt der Mond die Sonne fort,

langsam strecken sich die Schatten,

und ihre langen Glieder bedecken das Land,

bis es ganz in Dunkelheit gehüllt.

Am kühlen Bach trinkt das Wild,

fast unsichtbar in der Umarmung der Nacht,

zupft an unschuldigen Gräsern und,

zieht leise weiter in den Schutz des Waldes.

Der bestellte Acker atmet erleichtert,

gibt die Glut des Tages dem Himmel Preis,

lässt sich vom abendlichen Nebel besänftigen,

um seinen Morgentau zu erhaschen.

Ruhig tätschelt die alte Weide den See,

spielt mit ihren Blättern das Abendlied,

zu dem funkelnden Licht im See,

und lächelt dem einsamen Weideland zu.

Still ist es geworden,

nur der Ruf der Eule erzählt von der Nacht,

lautlos schwebt die Finsternis über der Erde,

hinter gläsernen Scheiben sitzt der Mensch,

ruht am Kamin bis der Morgen graut.

Leben

Es strahlen die Sterne am Himmel,

und blicken sanft herab,

der Mond birgt abendliche Stille,

tiefe Ruhe bedeckt das Land.

In meiner Seele blühen Rosen,

die zarten Blüten dir zum Geschenk,

der Tau auf ihren Blättern glitzert wie Tränen,

wenn du nicht bei mir bist.

Fest in deinen liebevollen Armen versunken,

fühle ich tiefste Geborgenheit,

denn immer wenn du bei mir bist,

bin ich in Sicherheit.

Einzigartig sind deine Augen,

sie scheinen mir wie Sonnenblumen,

Stärke und Wärme strahlen sie aus,

ich fühle mich zu Hause, wenn ich in sie blicke.

Es ist so mancher Abschied,

der mich ab und an betrübt,

doch tröstet mich das Wissen,

dass es nicht für lange ist.

An deiner Seite bin ich ohne Furcht,

denn ich kann dir alles geben,

was in mir ruht und wartet,

du bist der, der es erhalten soll.

Mit dir empfinde ich Zufriedenheit,

es ist der Augenblick mit dir, der zählt,

das jetzt gehört nur uns beiden,

woraus wir einen neuen Morgen erschaffen.

Deine Nähe ist Wohligkeit für mich,

und jede trennende Minute,

macht die gemeinsamen Stunden,

zu einer großen Kostbarkeit.

In einsamen Nächten,

sind meine Gedanken bei dir,

so kann ich dich fühlen und sehen,

und ich fürchte mich nicht mehr.

In meinen Träumen, verrate ich dir meine Gefühle,

gestehe ich, wonach ich mich sehne,

jetzt fehlen die Worte, und es fehlt der Mut.

Wie eine Kostbarkeit hüte ich dich,

du sollst eines wissen,

ich bin immer für dich da,

denn ich liebe dich.

Vater

Vater, ich sehe Dich wieder

hier auf der Sommerwiese.

Im satten Grün voll bunter Wiesenblumen,

am blauen Himmel schweben Meine Wolken

und Schmetterlinge

flirren durch die Sommerluft.

Sanft steigt die Blumenwiese,

hinauf zu einem Hügel,

die Eiche dort lässt ihr Blattwerk

zärtlich im Wind rauschen.

Ihr Schatten ist kühl

 und die Luft ist erfüllt vom Lied ihrer Blätter.

Ich sehe Dich wieder

mit weißem Hemd und Hose,

die Haare grau,

doch von jugendlichem Gesicht.

Deine klaren glänzenden Augen,

sie blicken mich an.

Du pflückst Dir eine Blume,

deren Duft Dich erfreut.

Die Wiese wogt im Sommerwind,

und lächelnd lehnst Du Dich zurück.

Das braune Pferd hält vom Grasen inne.

Du winkst mir zu.

Erfüllt von Glück.

Die Vögel beginnen ihr Abendlied,

ruhig und von Zeit erfüllt,

gehst Du den Hügel hinab

Dein Pferd treu und friedvoll folgend,

gehst Du der Abenddämmerung entgegen.

Der letzte Tag

Am letzten Tag

Ich blicke auf Dich wie auf ein Kind

Du bist hier

und doch nicht mehr da.

Du liegst still und unbewegt

ruhig und voll Frieden

blickst Du nur noch in Dich

Die Welt hat Dich entlassen

Du bist fort gegangen

auf einem Silberpfad

dem Licht entgegen

Der Weg den Du jetzt gehst

ist erfüllt von Licht und Wärme

Die Vergangenheit rinnt

wie Sand durch Deine Finger

denn festhalten kannst Du sie nicht

Ein Stück von Dir lebt weiter

in mir

und in der Erinnerung an Dich

Du bist uns vorausgegangen

um zu erfahren

ob auf der anderen Seite noch etwas ist.

Meaning of Life

Who am I?

without any happiness

and inner peace.

Who am I?

without love in my heart

and blessedness.

Who am I?

without any glow of strength

and confidence and ease.

Who am I?

without a desire to do

and healing my own little world.

True Love

Wahre Liebe ist kein Traum,

sie erwacht im satten grün

eines unverhofften Frühlings,

mit goldenen warmen Sonnen strahlen

erhellt sie Herz und Seele.

Wahre Liebe ist Befreiung, sie löst die Fesseln der Einsamkeit

mit ihren weichen weißen Flügeln

schwingt sie uns auf, hoch hinaus,

in den blauen Sommerhimmel.

Wahre Liebe ist eine sichere Führung,

sie zeigt dir den Weg zu Dir selbst,

mit wunderbarer Leichtigkeit

trägt sie uns zum inneren Glück.

Wahre Liebe wartet auf Dich, öffne Deine Augen,

öffne Dein Herz, und sie wird frohgemut zu Dir strömen.

Kuss des Herbstes

Es hat geregnet,

dicke Sommertropfen,

und die Sonne schien dabei.

Sanfter warmer Nebel,

hüllt alles ein,

mit zartem Blau,

küsst die Nacht den Tag,

der nun träumen geht.

Ein paar grillen singen,

zarte Lieder,

leise trommeln Regentropfen,

auf Eichenblättern.

Herbstduft kündigt sich vorsichtig an,

auf dem Kiesweg, verlieren sich Hoffnung und Liebe,

während der Mond beginnt zu lächeln

Schlusswort

ES GIBT MENSCHEN

DIE VERKAUFEN HEUTE

IHR GESTERN

FÜR EIN STÜCKCHEN MORGEN